AF258124

AU ROI,

SUR LA NÉCESSITÉ ET LA POSSIBILITÉ

DE RECONQUÉRIR

LES COLONIES

DE L'AMÉRIQUE DU SUD, DU MEXIQUE ET CELLE DE SAINT-DOMINGUE;

Par R. DE BÉCOURT.

A PARIS,

Chez DENTU et PETIT, libraires, au palais-royal,

1824.

AU ROI,

SUR LA NÉCESSITÉ ET LA POSSIBILITÉ

DE RECONQUÉRIR

LES COLONIES

DE L'AMÉRIQUE DU SUD, DU MEXIQUE ET CELLE DE SAINT-DOMINGUE.

SIRE,

« Après la sotte et folle cession qu'un intrus fit de la Louisiane aux États-Unis d'Amérique, seule colonie qui restât
alors à la France (en suite de la perte que ce même intrus,
sans mission légitime, fit de Saint-Domingue : triste résultat

de ses ineptes, ruineuses et sanglantes conceptions, bien qu'en disent les méchans); après cette sotte et folle cession, dis-je, il y a bien long-temps, déjà, que je fais secrètement des vœux pour que VOTRE MAJESTÉ se trouve en situation, sinon de reprendre cette Louisiane, du moins l'île, si importante pour la France, de Saint-Domingue, ce qui, à l'aide de moyens bien combinés (et ainsi que le génie de VOTRE MAJESTÉ peut si aisément le faire), ne serait pas plus difficile à exécuter que n'a été la conquête de l'Espagne, conquête de la réussite de laquelle je doutai d'autant moins que, durant les six premiers mois de l'an 1823, je tins, à ce sujet, une foule de paris (que j'ai bien certainement gagnés), mais dont l'absence ou l'éloignement d'ici des adversaires perdans me privera de ce qui les constituait. C'est égal, SIRE; j'en suis assez dédommagé par l'effet de notre prompte et glorieuse réussite à cet égard, ce qui, par ses conséquences, assure à jamais à VOTRE MAJESTÉ, à son auguste famille et à la France entière (ainsi qu'à tous les autres peuples et à leurs dignes souverains) une prospérité sans fin.

» Quand je dis que la Louisiane, après la perte de Saint-Domingue, était la seule colonie qui restât à la France, il faut entendre *la seule colonie importante;* car, à part mes connaissances historiques et géographiques, je n'ignore point ce que nous possédons encore dans les deux hémisphères. J'ai, d'ailleurs, trop navigué pour ne le point savoir.

» Je pense donc, SIRE, après la perte de la Louisiane, qu'un fou, qu'un audacieux sans principes, qu'un imposteur déhonté, lequel faisait journellement dire par ses écrivains à gages *que ses coffres regorgeaient d'or et d'argent,* et lequel faisait pourtant, au même instant, vendre sur place, des huit à neuf mois à l'avance, les obligations des receveurs - généraux, obligations représentant les contributions anticipées de toute une année (système vicieux et ruineux entre les mains d'un furibond); et quand, d'un autre côté, pour l'appât de quelques millions de piastres, il cédait un territoire immense conquis, découvert par les aïeux de VOTRE MAJESTÉ (territoire nommé, à si juste titre, la Louisiane). Je pense donc, dis-je, SIRE, d'après cette perte à jamais irréparable sous divers rapports, que VOTRE MAJESTÉ, pour nous en dédommager tant soit peu, ne doit rien négliger pour récupérer Saint-Domingue. Cela me paraît d'autant plus facile à exécuter, que le gouvernement du perfide Boyer (ainsi que le sont presque tous les gens de couleur) n'est reconnu d'aucune puissance régulière.

» Ne pourrait-on point à ce sujet, en prenant des arrangemens avec l'Angleterre (cela serait bien facile), préparer une expédition de troupes françaises (au premier coup de tambour on me trouverait aussi rendu sur le tillac), assistées de celles espagnoles et portugaises, pour reconquérir les possessions d'outre-mer appartenant à l'Espagne et au Portugal, et ensuite se transporter de là à Saint-Domingue, ce qui, en particulier, donnerait à S. M. le Roi Ferdinand la faculté de se libérer, vis-à-vis de VOTRE MAJESTÉ, des frais de la guerre dernière, seule ressource qui semble lui rester pour pouvoir y parvenir?

» Ne pourrait-on point aussi déterminer la Russie, l'Autriche et la Prusse à donner fructueusement les mains à l'exécution de ce projet, l'intérêt de tous les trônes le requérant absolument? Des auxiliaires, des recrues allemands et de toutes les nations ne manqueraient point en cette circonstance, l'Europe étant remplie d'une *superfétation* d'hommes oisifs qui ne demandent que de l'emploi et de la gloire à acquérir.

» Il ne faut pas s'y tromper ! la révolte des noirs n'est fomentée aux colonies que par *les nègres-blancs* en particulier (de concert néanmoins avec un mulâtre ambitieux et craintif tout-à-la-fois); *nègres-blancs* auxquels tout procédé paraît bon pour arriver à leurs fins, à leur but cannibalique.

» J'entends par *nègres-blancs*, Messieurs les *libéraux* de (1) tous les pays, ennemis à jamais irréconciliables des souverains légitimes qu'ils détestent du plus profond de leurs cœurs perfides ; qu'ils exècrent et qu'ils désirent exterminer, ainsi qu'il en fut déjà de leur part de l'infortuné Louis XVI, de Marie-Antoinette, Reine de France, de S. A. R. Mme. Élisabeth, de Louis XVII, et enfin des ducs d'Enghien et de Berry, de si douloureuse mémoire ; et les tentatives du mulâtre Boyer près des mulâtres et des noirs de la Martinique, ainsi que près de ceux de toutes les îles Antilles, n'ont qu'un seul et même but, celui de la confusion, de la vengeance et de l'anarchie universelle....

» Le fin et rusé Boyer s'est bien douté (ainsi que je le prévois et le dis aussi depuis long-temps) que l'expédition d'Espagne ayant du succès, on tournerait ensuite les yeux vers le pays immense qu'il a usurpé ; et rien ne prouve mieux sa peur, sa lâche timidité, sa faiblesse et sa politique diaboliquement ou infernalement africaine que les conspirations qu'il cherche déjà depuis long-temps à ourdir de toutes parts ; car celles de Démérari, de la Jamaïque, de la Barbade, de la Trinité, de la Dominique, etc., sont son ouvrage direct (et aussi pour le compte commun *des amis*), indépendamment de toutes celles

---

(1) Il est à considérer cependant, qu'il en est des *libéraux* comme des philosophes et des sectaires, parmi lesquels on trouve des gens honnêtes, de bonne foi, faibles, timides, ineptes, et enfin des dupes et des fripons.

qui n'ont point été découvertes jusqu'à ce jour-ci. Cet Américain plus que basané, issu de deux sangs si opposés, a ouï dire
sans doute qu'il fallait *diviser pour régner*. Mais je le prédis à
sa honte et à son désespoir, que, désormais, ses vues seront trop
courtes pour pouvoir jamais y parvenir.

» Je le répète, il faut une expédition à Saint-Domingue,
après toutefois avoir soumis les révoltés de l'Amérique méri-
dionale et du Mexique, ce qui est plus aisé à réaliser qu'on ne
le pense, bien que les journalistes *libéraux* de France, des
Pays-Bas et d'Angleterre, soient assez généreux pour leur en-
tretenir, déjà depuis si long-temps et gratuitement, dans leurs
feuilles perfides et mensongères, des armées considérables qu'ils
n'ont jamais eues : témoin cette poignée de braves et inestima-
bles Royalistes Espagnols qui, depuis l'espace de douze ans,
leur disputent le terrain, sans avoir pourtant été recrutés par
la métropole, ce qui va bientôt changer, j'espère.

» Eh! de quel avantage ne serait point, pour favoriser cette
expédition, que la proximité des îles de Cuba, de Porto-Ricco,
de la Martinique, de la Guadeloupe, de Marie-Galande, etc. !
C'est à jamais inappréciable.

» Quant aux États-Unis d'Amérique, dont l'arrogance
commence à se faire sentir, et dont les gazettes ont déjà, en
1814 et 1815, vomi des horreurs contre Votre Majesté (1), en vantant perpétuellement l'usurpateur, l'une de

---

(1) Il faut voir ce que j'écrivis à ce sujet de Norfolk en Virginie (lieu
où j'étais sur le point de m'embarquer pour revenir en Europe) à M. Ma-
dison, président des États-Unis d'Amérique, et à M. Serrurier, ambassa-
deur de l'usurpateur près ledit président, lieu où il était censé représenter
provisoirement Louis XVIII, en attendant son rappel.

Le 19 avril 1815, jour de mon arrivée à Gand, je remis copie de ces

leurs et plus chères idoles ; quant à ces États-Unis, dis-je, on n'a rien à redouter de leurs rodomontades. A la tête de cinq à six vaisseaux et de neuf à dix frégates (toute leur marine)(1), que pourraient-ils faire pour soutenir leurs *frères et amis ?* Rien, absolument rien.

» Ils ne sentent point, ces imprudens, ces ingrats républicains, que la soumission des révoltés de tous les pays (j'en excepte les Grecs, dont la situation, dont les raisons sont bien différentes de celles des êtres que je qualifie à si juste titre de révoltés); ils ne sentent point, dis-je, que la soumission de ces révoltés, mais particulièrement celle des noirs, les inté-

---

lettres à M. le comte de Blacas, que j'accompagnai de plusieurs journaux américains, dans lesquels se trouvaient les allusions et les sorties les plus révoltantes contre S. M. Louis XVIII et contre sa digne et noble famille.

(1) Il est inconcevable que l'Amérique soit si peu connue, et si mal appréciée de la part des Européens, qui lui prêtent des forces et une population immenses. D'où cela provient-il ? de ce que MM. les *Libéraux*, à qui tout est bon pour décevoir et pour faire des dupes de leurs machinations profondément perfides, inventent et accumulent, les uns sur les autres (déjà depuis l'espace de trente ans), les mensonges et les impostures les plus grossières. Ils en ont usé de même à l'égard de toutes les autres puissances, mais dans un sens inverse, et notamment envers l'Angleterre, qu'ils ont ravalée de toute façon, mais à laquelle ils veulent depuis quelque temps néanmoins rendre parfois justice.

La vérité est que la marine américaine n'excède point ce que j'ai dit. J'ai vu mettre leur premier vaisseau sur le chantier, à Philadelphie, en 1814; et je doute que depuis cette époque ils en aient construit quatre ou cinq autres.

La population des États-Unis ne s'élève pas encore à treize millions d'habitans, dont il faut distraire les deux tiers en leurs qualités de nègres, d'Indiens, de mulâtres et métis.

L'armée de terre, en temps de paix, n'est que de douze mille sept cents hommes, et le revenu public de vingt-cinq à vingt-six millions de piastres ou *dollars.*

resse plus que tout autre puissance, car, depuis Boston jusqu'à la Nouvelle-Orléans (à-peu-près 1700 lieues de côtes), que trouve-t-on partout sur ces rivages appartenant aux États-Unis? force noirs et mulâtres. Croient-ils donc, ces messieurs, que quand ceux des îles du Vent et sous le Vent auront égorgé tous les blancs qui y résident (ainsi que de nos jours il en fut déjà plusieurs fois à Saint-Domingue), qu'il n'en sera pas de même chez eux ? Les imprudens! les ingrats! les impudens!!! Non, non, ils ne sont point à redouter, ainsi que je l'ai déjà dit.

» Durant la guerre dernière, placé au milieu d'eux, j'ai eu occasion de les apprécier comme ils le méritent; et j'aurais bien des choses à rapporter sur leur compte, pour les caractériser, si chacun ne connaissait leur origine, et si chacun ne savait également, ainsi que dit le proverbe, que *tout chien chasse de race*, ou *tel père, tel fils!...* (1)

----

(1) Je vais rapporter ci-après divers fragmens pris dans une de mes brochures, imprimée à Douai en 1818, et ayant pour titre : *Relation d'une traversée faite en 1812, d'Angleterre en Amérique.*

« Le 17 juillet 1812. Aujourd'hui nous avons et peu de vent et beau-
» coup d'inquiétude par la lointaine présence d'un brick-corsaire selon
» toutes les apparences, mais lequel néanmoins semble se diriger à l'est.
» Mais quels sont donc les corsaires que les Etats-Unis ont à redouter (ai-
» je dit au capitaine), quand ils ne sont en guerre avec personne ? ». (Celui
qui parle ici ignorait alors que le 17 juin précédent, ces mêmes Etats-
Unis, à l'instigation de Buonaparte, avaient déclaré (en Amérique seulement) la guerre à l'Angleterre, ce que l'on ne savait point encore à cette
époque en Europe et dans les mers qui l'avoisinent. C'est ce qui fut cause
que presque toute la marine marchande, non avertie de ces Etats-Unis, fut
capturée après cela par les flottes anglaises naviguant dans toutes les régions maritimes de l'univers: « 1°. Les forbans ou pirates, me répondit-il,
» lesquels ont parfois accès sur certaines parties des côtes nord-est d'Ir-

» A proprement parler, les Américains ne sont que d'im-
pertinens fanfarons, dont la politique a pour but néanmoins
de cacher, autant que possible, la crainte qu'ils ont toujours

---

» lande, lieu même où l'on ne se fait aucun scrupule, dans presque tous
» les temps (loin de donner du secours aux naufragés), non seulement de
» piller les navires qui y échouent, qui vont s'y briser par l'effet des mau-
» vais temps, mais encore de couper la tête aux matelots, aux passagers
» et autres, afin de ne laisser aucune trace du crime; 2°, les corsaires de
» France, d'Italie, d'Afrique, qui ne se gênent point pour rançonner le
» plus faible, soit en paix, soit en guerre. — Je connais, il est vrai, lui
» répliquai-je, les dépravations que commettent ces espèces de forbans,
» de pirates, la honte des peuples qui s'en servent; je connais aussi l'im-
» moralité vicieuse, perfide, criminelle du Corse, mais je ne pensais point
» que lui, qui cajole depuis si long-temps votre gouvernement pour l'a-
» mener dans une guerre funeste contre l'Angleterre, afin de le servir par-
» là, souffrît qu'aucun de ses corsaires se comportât envers vous autres,
» Américains, de la façon dont vous venez de le rapporter. — Il le sait ou
» ne le sait point, il le commande ou ne le commande point, repartit-il;
» mais ce qu'il y a de certain, c'est que cela est déjà arrivé plusieurs
» fois, etc. (Pag. 23 et 24.)
» Le 18 du même mois (page 24 jusqu'à celle 31), nous avons mainte-
» nant une très bonne brise qui nous fait cheminer assez lestement, bien
» que notre trois-mâts soit chargé et encombré de marchandises et de
» cinquante-un passagers des deux sexes, non compris l'équipage. A midi
» nous sommes joints par un très gros brick, nommé *l'Élisa* de Boston,
» parti le 4 de ce mois-ci de Liverpool, et, comme nous, se rendant à
» New-Yorck avec un chargement de passagers irlandais, qu'il a sans
» doute été clandestinement prendre dans certains parages d'Irlande con-
» nus des Américains qui font ce trafic abominable, pour les conduire en-
» suite en Amérique, sous les prétextes les plus spécieux et sur les pro-
» messes les plus séduisantes : car personne n'ignore, je crois, le com-
» merce infâme que maints Américains font des dupes qu'ils peuvent se
» procurer en Europe. Ils leur promettent un passage gratuit et de l'em-
» ploi agréable et lucratif en Amérique ; mais à l'arrivée au Nouveau-
» Monde, de ces crédules, au lieu de les laisser débarquer, ainsi que cela
» avait été promis, ainsi qu'ils le désirent, et que cela est nécessaire pour

d'être remis sous le joug de l'Angleterre ; Angleterre de laquelle
ils eussent été écrasés durant la dernière guerre, si cette Angleterre n'eût alors été forcée de faire face à tout l'univers, té-

---

» se réparer des fatigues d'un voyage long, de la mauvaise nourriture
» et de l'air malsain qu'ils ont respiré en route ; au lieu de débarquer,
» dis-je, on les laisse à bord, loin du port, et, au moyen d'affiches pla-
» cardées sur les murs de la ville, et d'avis insérés dans les gazettes par les
» soins du capitaine (lesquels avis et affiches annoncent quel est le lieu de
» naissance, l'âge, le sexe, la profession, et enfin le prix qu'on exige
» pour chacun d'eux), on voit arriver à bord les personnes qui désirent
» faire emplette. On examine les sujets comme cela se pratique dans les
» bazars d'Afrique, d'Asie et d'Arabie. On leur fait quelques questions ;
» ensuite de quoi le capitaine et l'amateur se retirent pour convenir du
» prix à mettre pour une ou plusieurs têtes de ces esclaves blancs, esclaves
» chrétiens des chrétiens, ou soi-disant tels, qu'on lui livrera pour le ser-
» vir durant l'espace de cinq ans, et en disposer n'importe de quelle ma-
» nière il jugera à propos. Qu'on juge de la surprise de plusieurs cen-
» taines de passagers, hommes, femmes, filles, garçons, arrivant en
» Amérique, lieu où ils pensaient s'élancer à terre, soit pour se remettre
» de leurs indispositions, soit pour y chercher de l'occupation, soit enfin
» pour y embrasser des parens, des amis, un époux ou une épouse, des
» enfans, etc., de se voir ainsi frustrés dans leur juste attente ! J'en ai
» connu qui, dans leur premier mouvement d'indignation, de désespoir,
» voulaient à toute force se précipiter à la mer. On a beaucoup déploré
» la condition des chrétiens faits captifs par les Barbaresques, et l'on n'a
» pas eu tort ; on a beaucoup gémi, beaucoup agité de questions sur les
» moyens à employer pour faire cesser ce brigandage ; mais on n'a en-
» core rien dit, que je sache, pour réprimer celui dont je viens de par-
» ler, lequel est d'autant plus infâme, scandaleux, criminel, qu'il
» s'exerce de blanc contre blanc, de chrétien contre chrétien, et qui
» plus est, au sein d'une vaste république qui veut donner le ton aux au-
» tres, qui vante sa morale, sa liberté, etc... La vérité est que rien n'est
» révoltant comme cela, que rien ne caractérise mieux l'âme bassement
» intéressée et l'inhumanité comme ce genre de conduite, auquel tous les
» Américains sont pourtant loin de prendre part. Voici ce que j'ai vu de
» mes propres yeux, en la maison d'un Milanais (l'Amérique ressemblant à

moin la facilité avec laquelle l'amiral Cockburn alla jusqu'au centre de leur capitale , Washington, y brûler , après cependant les avoir fait fuir par ses troupes de débarquement, le Ca-

---

» une fosse d'aisance , lieu où tous les peuples déposent ce qu'ils ont de plus
» abject, de plus ignoble), ancien porteballe , et depuis domestique de
» l'ex-président T. Jefferson , nommé *Bosio-Secondo*, demeurant *Cedar*
» *Street*, n°. 44 , à Philadelphie , lieu où il fit fortune, au moyen du
» commerce des bêtes sauvages , féroces , rares , extraordinaires, etc. ,
» et au moyen de beaucoup d'autres opérations ressortant de l'esprit ju-
» daïquement arabe qui l'anime au suprême degré. Il acheta pour cinq
» ans un jeune Irlandais, amené de son pays, comme je l'ai dit précé-
» demment. Ce jeune et intéressant étranger, de l'âge de vingt-quatre ans,
» blond, figure colorée, fraîche et enjouée , ayant de beaux yeux, de
» belles dents , jolie bouche, taille bien prise , ayant le regard fin et spi-
» rituel, avait reçu l'éducation la plus soignée, au point de parler jus-
» qu'aux langues mortes. Une rixe qu'il avait eue à Dublin, en matière
» de religion et de politique, l'avait obligé de fuir pour n'être point ar-
» rêté. Il était sans le sou , lorsque s'esquivant des mains de ses profes-
» seurs , il parvint à aller se cacher sur un navire américain qui mit à la
» voile au bout de trois jours, avec un chargement de ses compatriotes.
» Ils arrivèrent ensemble à Philadelphie, et y furent tous vendus ou con-
» cédés pour l'espace de cinq ans. Ce jeune homme , acheté par *Bosio*,
» remplissait chez lui et dans sa taverne les fonctions de domestique ; en
» attendant sa libération : il n'y avait rien qu'il ne fît pour se rendre
» agréable à tout chacun. Cependant il arriva qu'un samedi (grand jour
» du lavage des maisons, du récurage , du nettoiement général chez les
» Américains), la femme Bosio , ancienne quakeresse renégate , après
» avoir vexé ce garçon, en l'obligeant à des grattages extraordinaires du
» grenier à la cave, voulut en outre le contraindre à savonner et bros-
» ser , ainsi que c'est d'usage , les marches de pierre qui précèdent, dans
» la rue , le seuil de la porte (ce qu'il n'avait point encore fait depuis
» deux ans qu'il était dans la maison). Ce jeune homme s'y refusa, en
» disant qu'il ne rougissait point de tout faire dans l'intérieur , mais
» qu'il ne s'abaisserait jamais à exécuter ce qui , en général , n'était ré-
» servé qu'aux nègres. Sur ce propos, la femme *Bosio* veut l'y con-
» traindre en le saisissant par la tête. Celui-ci s'échappe , en lui montrant

pitole, les deux Chambres, le Palais du président, la Trésorerie et le chantier de l'Amirauté, duquel il emporta néanmoins des approvisionnemens immenses, sans compter les navires

---

» le poing d'une façon significative. Elle jette un cri ; Bosio accourt, saute
» sur un joue ferré et plombé, et, sans attendre d'autre explication que
» ces mots : *Mon cher Bosio, que je suis malheureuse ! ce garçon a*
» *voulu me battre.* Il tombe sur lui, le roue de coups, lui fait à la fi-
» gure des balafres énormes, et notamment un trou à la tête, dans le-
» quel on eût pu coucher deux doigts. Après quoi, l'ayant laissé pour
» mort sur le plancher et tout baigné dans son sang, il le fit, peu
» de minutes après, porter en cet état à la prison de la ville, lieu d'où
» il ne sortit que pour être revendu pour le compte de Bosio. Je ne pré-
» tends point inférer de la conduite féroce et barbare de Bosio, que tous
» les détenteurs de ces esclaves à terme en usent si cruellement ; mais
» quand il n'y aurait, pour inspirer de l'horreur contre ce genre de
» commerce, que la faculté qu'ils ont de tuer leurs esclaves, moyennant
» *soixante piastres* qu'ils payent à la justice, cela devrait suffire pour le
» faire proscrire à jamais d'un pays où (à part l'égoïsme et l'esprit ex-
» cessivement intéressé), on n'est pas plus méchant qu'on ne l'est ail-
» leurs, bien que la nation se compose de tant d'élémens divers. Néan-
» moins, quant à la prétendue hospitalité des Américains dont on les
» gratifie si généreusement en Europe, je la révoque plus qu'en doute,
» en ce qu'on n'y donne rien pour rien ; qu'on fuit, qu'on méprise l'in-
» digent ; qu'on n'a nul égard pour le mérite, pour le talent, s'il n'est
» revêtu d'une belle enveloppe ; qu'on repousse le pauvre s'il se présente ;
» enfin qu'une personne sans ressource peut faire tout le tour des États-
» Unis d'Amérique sans éprouver la plus mince insulte, mais aussi sans
» recevoir la plus petite assistance, si elle n'a le moyen de la payer. J'ai
» cru devoir passer sous silence ce que je me mis en devoir de faire
» pour punir Bosio, en le désarmant, lorsqu'il assassinait le jeune homme
» duquel j'ai parlé ci-dessus. Mais retenu de force, par six propriétaires
» américains présens à cette scène d'horreur, je ne pus rien faire d'effi-
» cace pour cet Irlandais. Ils me dirent d'ailleurs que les possesseurs d'es-
» claves blancs à terme avaient à leur égard le même droit qu'avaient au-
» trefois les Lacédémoniens envers leurs ilotes, et qu'ont encore aujour-
» d'hui les propriétaires de nègres ; c'est-à-dire, le droit de vie et de
» mort, en payant *soixante dollars* d'amende si le cas y échet....... »

qu'il unit à sa flotte, etc., etc. Voilà ce que sont ces gens qui paraissent vouloir menacer l'Europe dans les sorties que font leurs journaux, et que répètent leurs affidés et salariés con-

---

Page 90, 91 et 92. « Sans vouloir dénigrer les Américains, on peut
» dire cependant que, dans l'origine, la colonie anglaise qui donna nais-
» sance au peuple actuel, ne se composait que de criminels, en partie
» condamnés à mort en Angleterre. Qu'en raison de cela, on peut har-
» diment répondre à certain Américain du premier rang dans la magis-
» trature, qui, vantant ses compatriotes outre mesure (prétend qu'il n'y
» a pas à ses yeux *un Français estimable aux États-Unis*), qu'on peut
» hardiment lui répondre, que cette partie de l'univers, aux yeux de l'ob-
» servateur, ne ressemble qu'à une sorte de lazareth, dans lequel toutes
» les nations de l'Europe ont constamment jeté leurs pestiférés. On peut
» ajouter à cela, que cette partie de l'Amérique, depuis l'espace de deux
» siècles, ne s'est adjoint en partie que des *libéraux*, des mécontens,
» des expulsés d'Europe, de mauvais sujets en tous genres, et enfin que
» des banqueroutiers, au moyen desquels elle est parvenue à se diviser de
» la métropole. On peut lui reprocher aussi son ingratitude envers les
» personnes qui l'ont aidée à secouer le joug de l'Angleterre, en niant
» maintenant, comme ils le font, l'utilité et l'efficacité des ressources qui
» leur avaient été envoyées à cet effet. Cependant on voit encore aujour-
» d'hui dans la seconde salle du Capitole, à *Richmont*, centre de la Vir-
» ginie, les bustes en marbre de MM. de Rochambeau et Lafayette. Qui
» les a élevés ? Ne sont-ce point les Américains ? — Oui, ce sont eux. —
» Eh bien ! pourquoi depuis quelques années, dans votre noire ingrati-
» tude avez-vous coupé le nez et les oreilles au buste de M. Lafayette et
» brisé le menton à celui de M. de Rochambeau ?

» Un autre tort aux yeux de tout homme honnête, c'est de souffrir que
» l'on arme aux États-Unis pour les révoltés de l'Amérique du Sud, du
» Mexique et de Saint-Domingue, ainsi que cela se pratique déjà depuis
» long-temps, et qu'on leur fournisse de tout, au détriment de leurs souve-
» rains légitimes.

» On connaît vos plus chères et plus secrètes pensées, Messieurs les
» Américains, celles qui ont pour but de vous emparer à la longue de tout
» le Nouveau-Monde, et de républicaniser ensuite l'ancien, n'importe par
» quelle voie que ce soit. Mais vous avez été devinés, et je doute que les

frères, tant en France qu'en Belgique et en Angleterre. Au surplus, au moyen du plus mince arrangement à leur égard, entre les gouvernemens français et anglais, on peut les faire trembler à juste titre, et même les perdre à jamais, s'il le faut. J'en sais assez sur cet article pour m'exprimer ainsi, et ils me comprendront très aisément s'ils me lisent.

» Je le réitère encore une fois, il faut une expédition dans l'Amérique du Sud et au Mexique, et la terminer par la reprise de Saint-Domingue, lieu où la température est à-la-fois saine et délicieuse, bien que dans des temps passés ces régions, comme beaucoup d'autres, aient été visitées par des maladies épidémiques qui ne sont ni fréquentes ni de longue durée.

» Les îles que j'ai désignées précédemment, serviraient comme autant de dépôts, de places d'armes ; et ce qui paraîtra paradoxe, c'est que les noirs et les mulâtres de ces mêmes îles seraient les meilleurs auxiliaires à employer contre les révoltés de toutes couleurs, s'ils étaient stimulés et conduits avec la sagacité qui convient en de pareilles circonstances.

» Je présume, SIRE, qu'en faveur de mes anciens et nouveaux services pour VOTRE MAJESTÉ ; qu'en faveur de ma constante et à jamais inaltérable fidélité pour tout ce qui ressort de sa noble et auguste Famille ; qu'en faveur de l'inactivité en laquelle je me trouve depuis le 16 du mois de janvier 1824, jour où il a plu encore à Messieurs les LIBÉRAUX *du bureau des hôpitaux militaires, au ministère de la guerre,* de me licencier pour la troisième fois depuis 1815, époque de mon

---

» gouvernemens si sains, si forts, que le sont ceux légitimes d'Europe , » ne vous embarrassent pas dans vos projets, d'ailleurs trop vastes pour » que vous puissiez jamais les exécuter à l'aide de vos seules ressour- » ces , etc., etc. »

retour en Europe ; et de suite à Gand , sous les drapeaux de
VOTRE MAJESTÉ ; enfin je présume qu'en faveur de tout cela
Elle daignera, et pardonner cette démarche de ma part, et in-
viter Son Excellence Monseigneur le ministre de la guerre de
me rendre l'emploi auquel j'ai tant de droits ; duquel j'ai besoin,
et lequel m'a été si indignement enlevé par la malice de ceux
qui, étant permanemment en place, ne pourront jamais pardonner des services aussi signalés que l'ont été toujours les
miens pour le trône légitime ; et c'est dans cette triple attente,
que j'ai l'honneur d'être, avec le plus profond respect,

» De VOTRE MAJESTÉ ,

» SIRE ,

» Le très humble et très obéissant Serviteur ,

» R. DE BÉCOURT,

» Ex-Directeur des Hôpitaux militaires du 5e. corps de
l'armée française en Espagne , tout récemment et
iniquement licencié à Bayonne, après avoir cependant eu l'honneur de servir les intérêts du Roi pen-
dant l'espace de vingt ans , et avoir en outre épuisé
plusieurs fois sa fortune pour soutenir sa noble et
sainte cause ;

» Demeurant à Paris , rue du Faubourg-Saint-
Martin , n°. 157. »

Paris , le 13 février 1824.

Imprimerie Anthe. BOUCHER, rue des Bons-Enfans, n°. 34.